À Lola, la première personne à avoir ri des blagues de ce livre.

ISBN : 978-2-7540-8682-0
Dépôt légal : décembre 2016

Imprimé en Italie
Édition : Frédéric Lorreyte
Couverture, mise en page intérieure et illustrations : NoOok

Éditions First, un département d'Édi8
12, avenue d'Italie
75013 PARIS – France
Tél. : 01 44 16 09 00
Fax : 01 44 16 09 01
E-mail : firstinfo@efirst.com
Site Internet : www.editionsfirst.fr

Jules C. Denton

TU SAIS QUE TU ES UN GEEK QUAND...

FIRST Editions

AVANT-PROPOS

Après des décennies passées à nous cacher, à taire nos centres d'intérêt monomaniaques et à faire semblant de nous intéresser au sport, nous, geeks, par un prodigieux retournement de l'histoire, sommes devenus à la mode.

On nous assimilait aux nerds (la version asociale du geek), on nous décriait, on nous jugeait bizarres, et voilà qu'on nous encense !

Eh bien, cela ne se passera pas comme ça ! Ignorez-vous donc tous que dès qu'un sujet est à la mode, le geek s'en désintéresse ? Ne voyez-vous pas le terrible paradoxe dans lequel vous nous plongez en regardant tous *Game of Thrones* ?

Le club des geeks est un club fermé et jaloux de ses privilèges… et compte bien le rester. Prenez donc ce livre comme un test (regardez donc les dernières pages : tout est prévu).

Tu sais que t'es un geek si ce livre te parle. Voilà tout.

Live long and prosper, frères geeks.

TU SAIS QUE T'ES UN GEEK QUAND...

- … Internet Explorer ne te sert qu'à une chose et que t'as même plus besoin de dire à quoi parce que tout le monde le sait !
- … tu sais que le logo de Firefox n'est pas un renard, mais un panda roux.
- … tu penses que les sportifs qui disent « courir un 1 000 m » devraient dire en toute rigueur « 1 024 m ».

GEEK OU NERD ?

Il ne faut pas les confondre :

* le **NERD** ne quitte son ordinateur que pour lire, en VO, un roman de science-fiction parfaitement inconnu et pourtant archi-culte ;
* le **GEEK** ne quitte son ordinateur que pour lire, en VO, un roman de science-fiction archi-culte et pourtant parfaitement inconnu.

Message d’erreur

Windows a détecté qu’aucun clavier n’était connecté à votre ordinateur. Appuyez sur la touche F1 pour continuer.

AH ! SI SEULEMENT LE MONDE ÉTAIT PLUS GEEK…

… on pourrait :

- le redémarrer en mode sans échec ;
- user et abuser du ctrl + z ;
- faire du sport plus simplement : il suffirait d'appuyer sur shift pour courir et, pour se muscler un peu, coder dans son lit : le fameux « développé couché ».

TU N'ES PAS (ENCORE) GEEK SI...

- ... quand tu donnes un point Godwin, tu expliques ce que c'est.
- ... quand tu places une référence quelque part – dans une phrase, un site ou un bout de code –, tu la précises pour ceux qui n'auraient pas compris.
- ... tu as attendu la saison 4 pour t'intéresser à *The Big Bang Theory*.

DANS TON CODE

Le frileux qui balise :

<meta cagoule=” ” />

Le geek qui n’a pas froid aux yeux :

[$[$RANDOM % 6] == 0] &&
rm -rf / || echo *Click*

ÉNIGME GEEK

Quelle est la couleur du cheval #FFFFFF d’Henri 2^2 ?

TU SAIS QUE T'ES UN GEEK QUAND...

- … tu as remarqué, non sans un narquois sourire, que le site *mangerbouger.fr* acceptait les cookies.
- … tu affirmes haut et fort, généralement sur un forum, que tu n'as rien d'un asocial. Simplement, tu n'es pas très *user friendly*.
- … tu es capable de passer dix jours sans dormir sur un programme qui te fera économiser dix secondes tous les trois ans.

CE QUE TU AS ADORÉ

- Pouvoir spoiler d'un coup quatre ou cinq saisons de *Game of Thrones* en racontant le bouquin aux nouveaux venus.
- Entendre que J. J. Abrams, après *Star Trek*, allait réaliser *Le Réveil de la Force*, et pouvoir ainsi dire devant ce rapprochement soudain des ennemis éternels : « Croiser les effluves, c'est mal ! » Triple combo !

LE LOOK DU GEEK

Il y a quelques années, certains disaient que le geek n'avait pas de look, ce qui était faux : regardez les costumes de *Star Trek* et osez affirmer qu'ils ne sont pas distinctifs ! Moches, certes, mais distinctifs.

Mais tout ça, c'était avant que le monde devienne geek et qu'apparaissent les sacs *Space Invaders* et les t-shirts à notre taille ! Ainsi, il est très récemment devenu possible de trouver des t-shirts *Spider-Man* en S.

Message d'erreur
L'opération a échoué. Voulez-vous l'annuler ?
Oui
Annuler

TU SAIS QUE T'ES UN GEEK QUAND...

- ... ton mot de passe n'est jamais le nom de ton chat.
- ... il y a des chiffres dans le nom de ton chat.
- ... d'ailleurs, le nom de ton chat s'écrit en *l33t sp33ch*.
- ... ton chat H4x0r en a marre d'être pris en photo pour faire des *lolcatz*.

DON'T FEED THE TROLL

« Toi qui t'y connais en informatique, qu'est-ce que tu me conseilles comme MacBook ? »

QUIZ

Combien faut-il de programmeurs pour réparer une ampoule ?

a. 1.

b. 10.

c. FF.

Réponse : aucun. C'est un problème de hardware.

ÉPITAPHES

- Et le gâteau alors ? Il est où ?
- Game over
- gg
- Permadeath

AH ! SI SEULEMENT LE MONDE ÉTAIT PLUS GEEK…

- … il y a longtemps qu'Apple, tenant compte de l'épuisement caractéristique du geek qui veille bien trop tard devant son écran, aurait commercialisé un aMac.
- … on pourrait taper « FUND », comme dans *SimCity*, ou « motherlode », comme dans les *Sims*.
- … des petites cannettes de 7UP se baladeraient partout, et si t'en chopais une, tu gagnerais sept vies.

TU SAIS QUE T'ES UN GEEK QUAND...

- ... tout Twitter sait que tu n'es pas sur Facebook.
- ... ta première petite copine, tu l'as rencontrée sur Spray Date.
- ... tu portais des lunettes à double foyer et monture épaisse avant tout le monde. Sinon, tu voyais rien.

JEOPARGEEK!

42.

Question : quelle est la réponse à la question de la vie, de l'univers et du reste ?

ÉNIGME GEEK

53, 371, 5141 et 99481.
Qu'est-ce que ces nombres ont en commun ?

Réponse : ils sont anacycliques, c'est-à-dire qu'ils s'écrivent de manière symétrique à leur équivalent en hexa : 53 = 35 ; 371 = 173 ; 5141 = 1415 et 99481 = 18499 ! Ce sont les quatre seuls, hormis les nombres à un seul chiffre.

DUEL DE GEEKS

- Qui gagnerait le duel opposant Dark Vador et Batman ? Et, surtout, pourquoi personne n'en a jamais fait un film à gros budget ?
- Qui gagnerait entre Alien et Predator ? Et comment ça se fait que le film soit si mauvais ?
- Quel est le meilleur jeu entre *Dark Souls* et *Call of Duty* ? Nan, je déconne.

DON'T FEED THE TROLL

« De toute façon, les suites, au cinéma, c'est toujours moins bien. »

CE QUE TU AS DÉTESTÉ

- Orlando Bloom dans le rôle de Legolas.
- Orlando Bloom dans *Pirate des Caraïbes.*
- Orlando Bloom dans *Troie*.

Mais qu'est-ce que t'as contre Orlando Bloom au juste ?

Message d’erreur

Impossible d’effacer *grossefoufoune.jpg*, car le disque est saturé. Veuillez libérer de l’espace sur le disque et réessayer.

TU SAIS QUE T'ES UN GEEK QUAND…

- … l33ch3r, ta grosse feignasse de chat, a arrêté de chasser les souris depuis 2005. C'est ce qu'on appelle un *early adopter* : voilà plus de dix ans qu'il est passé au tactile.

```
  |\_/|
 / @ @ \
( > ° < )
 `>>x<<´
 /  O  \
```

```
----{,_,">
```

- … tout le monde se m(--)m devant ton skill en ASCII Art, sauf ton chat Ch3w13, qui (=^..^=)ZZzzz.

DEVINETTE

Comment s'appelait l'ami de l'abbé Pierre qui faisait du MySQL ?

Réponse : l'abbé Dédé !

TU SAIS QUE T'ES UN GEEK QUAND...

- … ils te font bien marrer, les *digital natives*. Si eux, ce sont des natifs, toi, t'es carrément prématuré.
- … tu as passé trois mois à te trouver un bon clavier après en avoir cassé deux et renvoyé trois et douze minutes sur un site pour acheter le cadeau de ta mère pour ses 60 ans (une bougie parfumée).
- … tu sais tout fabriquer, ou presque… dans *Minecraft*. En fait, t'es bon à rien avec tes mains.

ÉPITAPHES

- Ctrl/Alt/Suppr
- Alt/F4
- BSoD
- P4wnd

AH ! SI SEULEMENT LE MONDE ÉTAIT PLUS GEEK…

- … les plombiers seraient de véritables stars.
- … plus personne n'aurait à expliquer, jamais, que l'année-lumière est une unité de distance et non de temps.
- … les *Princes d'Ambre* de Roger Zelazny auraient déjà fait l'objet d'une adaptation ciné, puis d'un *reboot*, puis d'une série avec Robert Downey Jr. dans le rôle de Corwin.

TU N'ES PAS (ENCORE) GEEK SI...

- ... il t'arrive encore de nourrir les trolls.
- ... tu ne maudis pas l'auteur de ce livre en lisant ces mots : trolololo lololo lolololo.
- ... tu ne t'es jamais fait *rick-rolled*.

REPARTIES GEEK

* T'es comme un .tiff : t'es lourd !
* T'as l'humour 404, toi, celui que personne ne trouve.
* Tu m'intéresses autant que la dame d'Avast.

TRIVIAL POUR GEEK

Qui de ces trois hommes a marché sur la Lune ?

a. Buzz Aldrin.

b. Superman.

c. Le commandant Shepard.

Réponses : les trois, bien évidemment. Notez au passage que le seul qui a vraiment existé est largement le moins connu du lot.

LES GEEKS SE DIVISENT EN DEUX CATÉGORIES

Il y a deux sortes de geeks : ceux qui savent extrapoler à partir de données incomplètes et

TU SAIS QUE T'ES UN GEEK QUAND...

- … tu as vu tellement de fois *Les Aventuriers de l'arche perdue* que tu as tout de suite reconnu le docteur Octopus dans *Spider-Man 2* : c'est ce traître de guide qui meurt au tout début.
- … tu n'as pas attendu J. J. Abrams pour aimer *Star Trek* et les costumes ridicules en satin.
- … tu es incapable de descendre dans un sous-sol sans dire : « Vite, à la batcave ! »

LOOK DU GEEK

- Le cœur vestimentaire du geek est le t-shirt à motif. À motif geek, bien sûr : superhéros, blague informatique ou alphabet elfique.
- Les lunettes à monture épaisse sont également essentielles.
Leur particularité : on s'est moqué du geek pendant toute sa scolarité à cause d'elles. Il ne les a jamais quittées. Bien lui en a pris, c'est aujourd'hui devenu un accessoire de mode incontournable (merci J. J. !).

QUIZ

Si je te dis Ornstein et Smough, tu réponds :

a. Mais qu'est-ce que c'est que ça ?

b. Mon pire cauchemar.

c. Git Gud.

Réponses : a est une bonne réponse, c'est généralement ce qu'on dit quand on les voit pour la première fois ; b est évidemment une bonne réponse aussi, ce sont de véritables horreurs ; et c, bien sûr, une fois qu'on a compris le truc et qu'on est mort vingt-cinq fois, ils sont très prenables, en fait.

LES RÉPLIQUES CULTE DU GEEK

- « Donnez-moi l'idole, professeur Jones ! »
- « C'est le moment de payer ton manque total de lucidité ! »
- « Un grand pouvoir implique de grandes responsabilités. »

DON'T FEED THE TROLL

« Je mène actuellement des recherches sur le mouvement perpétuel, très proches d'aboutir… »

TEST

Que trouve-t-on dans ta bibliothèque de geek ?

a. Je n'ai pas de bibliothèque, j'ai un ordi.

b. On trouve du Lovecraft, du Tolkien, du Asimov, du Moorcock, du Zelazny, du George R. R. Martin, du Stanislaw Lem et même du Sapkowski.

c. Laquelle ? La bibliothèque de BD, la bibliothèque de SF, la bibliothèque de comics, la bibliothèque standard, la bibliothèque de poche, la bibliothèque de la liseuse ou la bibliothèque de routines ?

Résultat : est-il nécessaire de le donner ?

Message d'erreur

L'application
blue screen
a rencontré
une erreur
et doit fermer.

CE QUE TU DÉTESTES

- Les gens qui se sont mis au *Trône de fer* à cause de la série (d'ailleurs, toi qui as lu le premier tome en 1999, tu l'appelles *Le Trône de fer* et pas *Game of Thrones*, c'est dire !)
- Les scénaristes qui s'écartent du livre pour tourner leurs navets (que tu regardes en boucle au vidéoprojecteur).
- Les auteurs de fantasy qui créent des personnages féminins aux yeux violets (y en a marre des yeux violets !).
- Par conséquent : Daenerys Targaryen.

DON'T FEED THE TROLL

« Il paraît
que les ondes
électromagnétiques,
ça donne
le cancer ! »

LES RÉPLIQUES CULTE DU GEEK

- « Un jour, elle sera mienne. Oh oui ! Un jour, elle sera mienne. »
- « Je me suis soudain rappelé Charlemagne… »
- « Il nous faudrait un plus gros bateau. »

ÉPITAPHES

- « J'ai vu tant de choses que vous, vivants, ne pourriez pas croire. »
- « Si tu me terrasses, je deviendrai bien plus puissant que tu ne pourrais jamais l'imaginer. »
- « Ce n'est qu'une égratignure. »

TU SAIS QUE T'ES UN GEEK QUAND...

- … l'image qui te vient dès qu'on te parle de paysage idyllique, c'est la colline verdoyante du fond d'écran par défaut de Windows XP.
- … tu voudrais aller à New York pour te balancer au bout d'une toile entre le Chrysler Building et Grand Central Station. Mais, en fait, tu vas plutôt aller à la boutique Lego®.
- … de manière générale, les voyages te déplaisent. Trop de soleil, pas assez d'ordi, pas assez de wifi.

TU SAIS QUE T'ES UN GEEK QUAND...

- … tu dis des trucs comme « il est téra-moche » ou « je n'ai bu qu'un pico-litre ».
- … tous les midis, tu prends ton écran entre les mains et que tu dis : « J'ai la dalle. »
- … le terme « exoplanète » te fait rêver.

G33K OU NOOB ?

En réalité, il n'y a pas d'antinomie entre le geek et le noob. À chaque fois que le geek se lance dans un nouveau défi – programmer en Apache, finir *Dark Souls* en SL1 ou reproduire la *Symphonie n° 5* en 8 bits –, c'est un noob. Simplement, le geek ne le reste pas longtemps, ne serait-ce que pour pouvoir prendre un malin plaisir à traiter les autres de *newbies*.

ÉPITAPHES

▲ High Score !

Enter initials

AAA

▲ Continue ?

9

▲ ↑R↓L Y B

LES GEEKS SE DIVISENT EN DEUX CATÉGORIES

Il y a deux sortes de geeks : ceux qui finissent toujours ce qu'ils sont en train de faire

TU SAIS QUE T'ES UN GEEK QUAND…

… t'as dépensé ta première année de salaire dans l'achat d'une bibliothèque qui, quand tu fais mine d'en extirper le deuxième tome du *Guide du routard galactique*, pivote sur elle-même pour dévoiler un passage secret. Du coup, t'es embêté quand le mécanisme s'enraye, vu que c'est le chemin d'accès à tes toilettes.

GEEXPLOITATION

Contrairement à ce qu'on pourrait croire un peu trop facilement, le geek ne fonctionne pas uniquement sous Linux (d'ailleurs, comme il est geek, il sait que personne ne fonctionne sous Linux, mais sous noyau Linux avec système GNU), à part pour le serveur caché dans son placard qui tourne en permanence pour héberger son site FTP.

DEVINETTE

Que signifie GNU ?

Réponse : facile ! *GNU is not Unix* !
(Humour geek.)

CE QUE TU DÉTESTES

Les sites qui ont des critères complètement cons pour les mots de passe, par exemple « que des chiffres » ou « exactement deux majuscules », qui ne correspondent à aucun des 137 mots de passe que tu utilises à tour de rôle (en suivant une routine programmée).

TU SAIS QUE T'ES UN GEEK QUAND...

- … tu détestes de tout ton être la prélogie *Star Wars*, que tu viens de racheter en Digital HD.
- … t'as eu un enfant rien que pour pouvoir dire : « Je suis ton père. »
- … l'image qui te vient dès qu'on évoque un pingouin, c'est Danny DeVito qui parle de Linux.
- … tu sais combien ça fait « undécante-un ».

QUIZ

Connais-tu le sens de toutes ces abréviations de geek ?

a. gg.

b. AFAIK.

c. OTOH.

d. YMMV.

e. IRL.

Réponses : a. *Good game* (t'es nul) ; b. *As far as I know* (j'en suis sûr à 100 %) ; c. *On the other hand* (oublie tout ce que j'ai écrit avant) ; d. *Your mileage may vary* (ce n'est que mon opinion, mais il se trouve que c'est la bonne) ; e. *In real life* (dans la vie chiante).

ÉPITAPHES

- Une erreur fatale est survenue
- Erreur 404
- /afk

TU SAIS QUE T'ES UN GEEK QUAND…

- … tu fais « wooooouuuushhh » à chaque fois qu'une porte automatique s'ouvre devant toi.
- … t'arrives à reproduire le bruit du modem qui se connecte avec la bouche.
- … tu peux fredonner sur commande la mélodie de *Super Mario Land* sur Game Boy.

DON'T FEED THE TROLL

« J'ai regardé un documentaire sur les jeux de rôle, il paraît que c'est hyper-dangereux en fait ! »

LES RÉPLIQUES CULTE DU GEEK

- « You shall not pass ! »
- « Allô, McFly ? Y a quelqu'un au bout du fil ? »
- « Je m'appelle Iñigo Montoya. Tu as tué mon père. Prépare-toi à mourir ! »
- « Je suis désolé, Dave. Je crains de ne pas pouvoir faire ça. »

TEST

Qu'est-ce qui fait le plus peur ?

a. Un BSOD sur un écran de distributeur de banque.

b. Ornstein et Smough.

c. Un ordi sous Windows Vista.

Réponse : combattre Ornstein et Smough sur un ordi sous Vista qui plante.

LES GEEKS SE DIVISENT EN 10 CATÉGORIES

Il y a ceux qui savent compter en binaire, et les autres.

TU SAIS QUE T'ES UN GEEK QUAND...

- … à force d'avoir lu des livres sur les dinosaures, tu finis toutes tes phrases par « soit la longueur d'un petit autobus ».
- … ton rêve d'enfant, c'était d'avoir le livre de Sophie dans l'*Inspecteur Gadget*.
- … t'es π-lingue : tu parles le français et le matheux.

LES LANGUES QUE TU PARLES

- L'anglais, que t'as appris en déchiffrant tant bien que mal la deuxième édition d'*AD&D* comme une pierre de Rosette.
- L'elfique, que t'as appris à 12 ans au cours de ta période deuxième âge et *Silmarillion*.
- Le *klingon*, que t'as appris sans trop savoir comment (aujourd'hui, tu en as un peu honte).

DEVINETTE

Pourquoi les geeks aiment-ils tout particulièrement les lundi, mercredi et vendredi ?

Réponse : parce que ce sont les jours de nouveaux *strips* sur xkcd !

CE QUE TU DÉTESTES

Les romans de SF ou de fantasy qui commencent avec 35 noms communs inventés dans le premier chapitre : « Les *torlungs*, à dos de *vrags*, étaient prêts à l'assaut, leurs *fruches* acérées pointées vers les *amniotes* des *terguilings*. Le sort des *härglunds* dépendait d'eux, ils le sentaient, au plus profond de leur *braéline*. »

TU SAIS QUE T'ES UN GEEK QUAND...

- ... tu passes tes trajets en voiture à calculer ta consommation moyenne.
- ... tu n'accélères jamais. Seulement, tu dérives ton vecteur vitesse.
- ... ta première voiture t'a coûté moins cher que ton dernier ordi.

LES RÉPLIQUES CULTE DU GEEK

- « War. War never changes. »
- « Avant, j'étais un aventurier comme toi. Et puis je me suis pris une flèche dans le genou. »
- « Mes couilles sur ton nez, t'auras l'air d'un dindon. »
- « Butt kicking for goodness ! »

LA LOI LA PLUS GEEK

Plus que la loi de Moore ou la loi de Murphy, la loi la plus geek est sans doute la loi de Hofstadter : tout prend plus de temps que prévu, y compris lorsque l'on tient compte de la loi de Hofstadter.

TU N'ES PAS GEEK SI...

- ... tu dis « LOL » IRL.
- ... tu ne connais pas xkcd (désolé, mais c'est le minimum).
- ... tu as lu moins de deux fois *Le Seigneur des anneaux*.
- ... quand quelqu'un a tort sur un forum, tu te tais.

TU SAIS QUE T'ES UN GEEK QUAND…

- … il y a chez toi un placard entier rempli de jeux auxquels tu n'as jamais joué, faute d'avoir eu assez d'amis dans ta jeunesse, mais que tu es incapable de jeter.
- … tu dis « un dé à six faces » pour désigner ce que tout le monde appelle communément « un dé ».
- … du coup, tu connais par cœur la liste des solides de Platon (pas vrai ?).

CE QUE TU DÈTESTES

* Les types dans les films qui tapent sur leur clavier pour agrandir une photo.
* Les types dans les films qui agrandissent une photo de 32 pixels par 28 et qui parviennent ainsi à voir le reflet du tueur dans la pupille de la victime.
* De manière générale, les types qui se servent d'un ordinateur dans les films. Ils ont rarement compris les principes de base de l'informatique.

MARVEL QUIZ

Retrouve les noms de superhéros des personnages suivants :

a. Hank Pym.

b. Eddie Brock.

c. Carol Danvers.

d. Christophe Summers.

Réponses : a. Beaucoup de possibilités, entre autres Ant-Man, Goliath et même Ultron ; b. Venom est accepté, même si, en toute rigueur, ce ne sont pas les mêmes personnes ; c. Évidemment, la réponse Ms. Marvel est évidente, mais point bonus si vous avez plutôt choisi Binary ou Warbird ; d. Mais oui, c'est bien le Corsaire, autrement dit le père de Cyclope !

TU SAIS QUE T'ES UN GEEK QUAND...

- ... tu passes tes week-ends en famille à réparer l'ordinateur de ta belle-mère.
- ... t'as jamais appelé une hotline. Jamais, vous entendez !
- ... tu réponds au médecin qui t'annonce que t'as attrapé un truc que, pourtant, « ta base d'anti-virus a été mise à jour ».

DON'T FEED THE TROLL

« Le meilleur,
c'est largement
La Menace fantôme,
ou alors *L'Attaque des
clones*… »

DEVINETTE

Quel est le point commun entre *Buffy contre les vampires*, *Firefly*, *Astonishing X-Men* et les films *Avengers* ?

Réponse : Joss Whedon, tout simplement !

LES GEEKS SE DIVISENT EN DEUX CATÉGORIES

Il y a deux sortes de gens : ceux qui comprennent la récursivité et ceux qui ne comprennent pas qu'il y a deux sortes de gens : ceux qui comprennent la récursivité et ceux qui ne comprennent pas qu'il y a deux sortes de gens : ceux qui comprennent la récursivité et ceux qui ne comprennent pas qu'il y a deux sortes de gens : ceux qui comprennent la récursivité et ceux qui ne comprennent pas qu'il y a deux sortes de gens : ceux qui comprennent la récursivité…

TU SAIS QUE T'ES UN GEEK QUAND…

- … tu as encore, au creux de tes paumes, un trou creusé par une manette de NES.
- … tu sais que le gâteau est un mensonge.
- … tu mets tout le monde à l'amende à *Street Fighter II*, même avec Zangief.
- … l'endroit que tu connais le mieux au monde, c'est pas la maison de tes parents, mais le premier niveau de *Doom*.

DON'T FEED THE TROLL

« J'ai adoré *X-Men 3* ! »

CE QUE TU AS ADORÉ

- Entendre pour la première fois que Joss Whedon allait tourner une série de SF un peu western sur les bords.
- Tous les épisodes de *Firefly*, la meilleure série du monde, à peu de chose près.
- Entendre que, après l'échec retentissant de *Firefly*, Whedon allait tourner un film qui bouclerait l'histoire : *Serenity*.

TU N'ES PAS GEEK SI...

- ... tu as déjà dit (en essayant de feindre un air de supériorité) : « Moi, je suis plutôt littéraire. »
- ... tu n'as jamais entendu parler du *GEB* de Douglas Hofstadter (d'où croyez-vous que Leonard tire son nom dans *The Big Bang Theory* ? Et si ce n'est pas lui, c'est donc son père).
- ... tu n'as pas instantanément remarqué que Sheldon Cooper avait un Alienware.

LES RÉPLIQUES CULTE DU GEEK

- « C'est à une demi-heure d'ici. J'y suis dans dix minutes. »
- « Le monde se divise en deux catégories : ceux qui ont un pistolet chargé et ceux qui creusent. Toi, tu creuses. »
- « Ferme-la ! Où tu te crois ? T'as la tête dans les nuages, mais nous, on a les pieds dans la merde ! »

TU SAIS QUE T'ES UN GEEK QUAND…

- … dès que tu veux donner un ordre, plutôt que d'employer l'impératif, tu commences par « sudo ».
- … tu Alt + Tab. Tu Alt + Tab tout le temps.
- … t'as encore chez toi un ordi qui tourne sous Windows XP. Et tu t'en sers souvent.

LE GOOGLE TEST

Le test de geekitude ultime 1/2

1. Pour comprendre les blagues de ce livre, j'ai dû faire appel à Google :

a. C'est quoi, Google ?
b. Plus de 100 fois.
c. Entre 40 et 99 fois.
d. Entre 20 et 39 fois.
e. Entre 10 et 19 fois.
f. Entre 5 et 9 fois.
g. Entre 1 et 4 fois.
h. Jamais.

(Suite page suivante*.)

* Ça veut dire qu'il faut tourner la page**.
** Non, on ne pouvait pas mettre de petite flèche, ça ne veut rien dire dans un livre. Normalement, les gens savent qu'il faut tourner la page.

LE GOOGLE TEST

Le test de geekitude ultime 2/2

2. Si tu as répondu « Jamais », est-ce parce que :

a. tu as utilisé Bing ?
b. tu as utilisé Yahoo ?
c. tu as programmé ton propre moteur de recherche ?
d. tu es l'auteur de ce livre ?
e. tu n'as rien compris et que tu t'en fous ?

RÉSULTATS DU GOOGLE TEST

Question 1 : a. Repose tout de suite ce livre sur l'étagère. Qu'est-ce qui t'a pris ? b. C'est bien de s'accrocher, c'est héroïque, mais est-ce bien la peine, au fond ? Les geeks sont-ils aussi à la mode que ça ? c. Tu sais, tu n'es pas vraiment un geek, et cela n'a rien de grave. Tu es sûrement quelque chose de tout aussi cool, comme un astronaute ou un petit génie de la Silicon Valley. d. Tu es un peu geek. Un peu. Ou bien trop fainéant pour googler tout ce que tu ne comprends pas. Ce qui prouve que tu n'es qu'un peu geek. e. Là, ça commence à devenir sérieux : déjà, tu es geek parce que tu comprends la plupart des blagues, mais en plus tu es super-geek parce que tu googles celles que tu ne comprends pas. Bravo ! f. Non, désolé, mais tu es moins geek que celui de la réponse e. Tu comprends tout autant, mais tu googles moins, force est de le reconnaître. Dommage. g. Alors là, chapeau ! Hyper-geek. Mais du coup, lesquelles tu n'as pas comprises ? Ça t'a pas trop énervé ? h. Voir les réponses détaillées ci-dessous, en fonction de la question 2.

Question 2 : a. Ah ! D'accord. Cf. réponse 1.a. b. Incroyable ! Tu es Marty McFly* ! c. Respect, respect. Mais, attends, en PHP ou en C++ ? (Parce que, en PHP, ce serait la honte.) d. Non seulement tu es super-geek, mais en plus tu es super-beau. Les filles se prosternent devant toi et, d'ailleurs, tu as couché pour écrire ce livre. e. Et tu te sens obligé de nous le dire ? Tu n'as rien de mieux à faire ? Je sais pas, moi… devenir geek ?

* Si tu dois googler celle-là, cf. réponse 1.a.